AF250787

ESSAI

SUR

LA POLITIQUE

ET LES MŒURS

DE NOS JOURS

PAR Raymond DIDIEZ,

AVOCAT ANCIEN BATONNIER.

———

UN FRANC

AU PROFIT DES VICTIMES DE LA GUERRE.

———

VALENCIENNES,

TYPOGRAPHIE DE E. PRIGNET, LIBRAIRE-ÉDITEUR,

1870.

ESSAI

SUR

LA POLITIQUE ET LES MŒURS

DE NOS JOURS.

ESSAI

SUR

LA POLITIQUE ET LES MŒURS

DE NOS JOURS.

Les mœurs d'un peuple sont soumises à de nombreuses influences. Celle de la politique est considérable. La politique n'est pas une science exacte ; aussi dans la pratique offre-t-elle une foule de prétextes à la controverse. Elle n'a de règles un peu précises que celles de la morale et de la justice, ce qui la rend abordable à tout le monde et d'un usage presque général dans les sociétés civilisées. Chacun peut y essayer sa raison ou sa passion selon le tempérament qui lui est propre.

L'homme qui réfléchit se forme une opinion ; il la publie par la parole ou par la plume dans un cercle plus ou moins étendu ; cette opinion, les uns la partagent, les autres la combattent ; les partis politiques surgissent et du choc de leurs idées naît la passion qui trop souvent fait taire la raison ; de là une influence notable sur les relations de la vie commune ; des rapprochements ou des froissements ; des amitiés nouées ou brisées ; des discussions suivies de rancunes, suivies elles-mêmes de ruptures éclatantes ou secrètes ; rarement et par exception des affections soudaines et par conséquent peu solides ; les mœurs en reçoivent le contre-coup dissolvant.

Dans ces discussions politiques que chaque jour amène et que chaque question nouvelle avive, les caractères se hérissent et par suite de l'entêtement qui s'empare des meilleurs esprits lorsqu'ils discutent sans règles et surtout sans juges, chacun sort de la lutte avec une conviction plus opposée et plus enracinée. Heureux si l'estime réciproque survit à l'échange ardent des idées et si l'ami de la veille n'accuse pas les mobiles de son ami de n'avoir pas été complétement désintéressés.

A la confiance succède une sorte de réserve froide qui dégénère bientôt en hostilité ; l'esprit qui se souvient des aigreurs échangées se ferme aux explications conciliantes et les événements qui surviennent et qui vous surprennent dans ces prédispositions fâcheuses, vous éloignent au ieu de vous rapprocher. L'homme est ainsi fait que, si un événement lui donne raison, il en tire vanité, et s'il lui donne tort, il s'en irrite ou s'en trouve humilié. Dans les deux cas, il blesse ou est blessé et l'amour-propre est la passion qui pardonne le moins. Mécontent des autres [ou de soi-même, l'homme sent s'assombrir son caractère, il broie du noir et devient irascible; ses relations de société en souffrent et de proche en proche les mœurs en sont atteintes. Ce n'est là toutefois qu'un mal relatif et qui n'est pas sans compensation, car ces discussions sont nécessaires pour former les citoyens d'un pays libre; l'habitude les rendra d'ailleurs moins rudes et par suite plus profitables.

L'état social offre à l'analyse de la chimie observatrice les éléments les plus divers et les plus disparates. Il se décompose en peureux et en indécis, en roués et en dupes, en modérés et] en [violents; le nombre des solliciteurs ou mendiants le dispute à celui des neutres et des serviles; le *servum pecus* représente la masse et c'est à peine si, dans cet amalgame, apparaît la trace du moraliste qui étudie les faits, en apprécie la portée et en prévoit les conséquences.

Les peureux ne sont pas seulement les gens qui ont quelque chose à perdre; on est peureux par tempérament, comme on est nerveux. Le moindre bruit inquiétant fait sur un peureux l'effet d'une étincelle électrique, il tremble et dans l'émotion qui le domine, il accueille facilement des nouvelles dont il n'a pas la force de contrôler la vraisemblance ou de vérifier la source, et les propage pour ainsi dire malgré lui. Son air effaré, sa mine allongée, sa fièvre et jusqu'à sa bonne foi, tout contribue à lui donner créance, et sa panique se gagne. C'est triste, mais ce serait peu si cela n'avait d'autres conséquences que des terreurs individuelles ; le grand mal, c'est que la peur, lorsqu'elle s'empare d'un être faible, déprave son sens moral, dirige sa conduite et détermine par la contagion de l'exemple d'autres à l'imiter. Les roués ne l'ignorent point et spéculent audacieusement sur les terreurs qu'ils sèment à profusion suivant les besoins de leurs combinaisons politiques. Le moyen est immoral mais il réussit toujours sur les masses que l'ignorance rend crédules et craintives et en qui réside néanmoins aujourd'hui la souveraineté nationale.

Le suffrage universel qui paraît avoir pris un rang définitif parmi les rouages de la politique est le produit nécessaire de la logique absolue. C'est un instrument dangereux et en même temps un remède souverain pour dénouer les grandes crises sociales. Quoi de plus équitable en théorie que de faire voter les lois par ceux qui doivent y obéir ? et, comme pour arriver à ce but, la délégation est indispensable, quoi de plus légitime que la faculté donnée à tous de choisir leurs délégués ? Oui, en théorie le suffrage universel est l'idéal du juste, mais dans la pratique ? Oh ! ici que de vices et de dangers ! le peuple, longtemps tenu en lisières par les gouvernements énervants qui ont suivi la glorieuse aspiration de 89, s'est vu subitement doté de la liberté électorale ; il a passé brusquement des limbes au grand jour politique sans qu'aucune précaution ait ménagé la transition. Après la métamorphose radicale qui éclata tout-à-coup en 1848, le peuple ébloui regarda d'abord sans voir et, dans son trouble, il ne sut pas discerner le vrai du faux, le dévouement de l'intrigue ; il laissa dérober sa confiance, il ne la donna pas. Depuis lors, grâce aux légendes menteuses qui ont bercé sa jeunesse avec des récits ou des chants de gloire, son aveuglement continue et il est à craindre qu'il ne soit point détrompé de longtemps, car son ignorance entretient son erreur.

L'idée du suffrage universel est une de ces idées simples comme la justice ; elle vient de la conscience et va à la conscience : si donc elle ne s'altérait pas en route, si elle était honnêtement mise en pratique, rien ne serait préférable à ses effets, parceque rien ne serait plus pur que son origine. Mais en est-il bien ainsi ? n'est-il pas démontré par l'expérience déjà maintes fois répétée, que le suffrage universel n'est en réalité qu'une arme redoutable aux mains d'un innocent ? Dès lors serait-ce

montrer trop d'exigence que de demander un
peu d'instruction préalable à ce législateur im-
provisé qui fait et défait les pouvoirs et n'est-ce
pas marcher au rebours du sens commun que de
soumettre l'intelligence à la force et de charger
les aveugles de la direction des gens éclairés ?
Voilà pourtant ce qui nous arrive en ces temps
d'éclipse sociale. Le peuple, encore étonné de sa
toute-puissance, se voit le point de mire de
toutes les convoitises : mal armé pour résister
aux séductions de toutes sortes dont il est
assailli, il prête une oreille craintive aux décla-
mations intéressées des soutiens ou des adversaires du pouvoir ; il est sans force pour se
soustraire aux menaces des uns, aux suggestions
et aux flatteries des autres. Nouveau-né à la
vie politique et pourtant déjà fatigué de l'exercice de ses droits auquel son esprit n'a pas été
initié, sommeillant dans la douce satisfaction de
ses appétits matériels, il s'éveille en maugréant
contre ceux qui viennent troubler sa quiétude
et solliciter son vote. Que lui importe la victoire
d'une idée sur l'autre ? Malheur à ceux qui
tentent de secouer son indolence pour le jeter
dans l'ardente fournaise de la vie publique ! Ils y
perdent leur patience et leur temps ; lorsque le
peuple est abandonné à lui-même, il approuve
paresseusement ceux qui le mènent et en retour
son dévouement est proclamé bien pensant,
parcequ'il ne pense pas.

Les événements de nos jours nous montrent que ceux-là, qui en vertu de ce simulacre de liberté appelé le suffrage universel , forgent ou renversent les gouvernements, qui les soutiennent ou les détruisent , ne savent pas ce qu'ils font.   Or, on agit mal, quand on ne sait rien. Les courtes vues ne pénètrent pas un avenir lointain; c'est au jour le jour qu'elles vivent, car elles ne reçoivent de lumière que des faits, nullement des idées. Il faut que les gouvernements qui conduisent ou croient conduire les affaires publiques aient commis une bien lourde faute, et les gouvernements absolus en commettent beaucoup de ce genre, pour que la nation pour ainsi dire illuminée s'aperçoive tout-à-coup des vices de sa constitution. Le jour où cette lumière subite se produit, le pays apprécie et juge, mais il est souvent trop tard: il eût fallu de la prévoyance et le peuple ne voit que le fait accompli. Devant cette révélation, il s'incline ou bien il se révolte; l'alternative est également déplorable, S'il s'incline, son silence interprété par l'absolutisme dans le sens d'une approbation devient un encouragement à de nouvelles fautes; s'il se révolte, au contraire, il déchaîne par cela même la crise ruineuse, l'anarchie, le désordre et le réveil toujours dangereux des mauvaises passions. Au milieu de ce chaos, la guerre civile éclate et le pays tombe sous le coup des plus horribles catastrophes.

Certes, la guerre contre l'étranger est un épouvantable fléau, et si la furie des batailles et la fumée de la gloire n'en voilaient pas l'horreur, l'homme reculerait à l'aspect de ces tueries froidement organisées ; mais qu'est-ce que la guerre entre deux nations jalouses, en comparaison de la guerre intestine où les frères de la grande famille s'entre-tuent !

Un jour, le despotisme s'écroule, justice en est faite et la morale vengée doit s'en réjouir; mais sa chute est accompagnée de tant de ruines et de malheurs privés que si l'on n'y prenait garde, on aurait dès l'abord presque du regret de ces renversements. Il faut du temps pour que le bruit de la tempête s'apaise, pour que le sol ébranlé se raffermisse et que l'œil puisse distinguer au milieu des décombres les hardis pionniers qui, déblayant le passé, empêchant l'incendie, cherchent les débris à l'aide desquels ils reconstitueront le nouvel édifice social. Tout n'est pas à reprendre ni à rejeter dans ces épaves; un sage discernement doit présider à ce sauvetage. S'il est bon qu'on ne fasse pas entrer dans la construction nouvelle les étais pourris de l'ancienne, il n'est pas moins bon d'y puiser les éléments solides qui ont survécu au désastre et que le temps a éprouvés. Que de difficultés à vaincre toutefois pour faire accepter le judicieux emploi de ces débris ! Les démolisseurs dont la rage s'acharne sur les restes de l'édifice écroulé, satisfaits d'avoir table rase, ne sentent pas tous un égal besoin de reconstruire. Combien d'heures ne faut-il pas abandonner au désordre pour qu'il se calme ? quand finira l'ébranlement social ? quand viendra le jour de la raison et le triomphe certain mais toujours trop lent de la sagesse ? faudra-t-il encore traverser un fleuve de sang pour gagner la rive où l'on se repose ? *Di, talem avertite casum !*

L'histoire qu'on a appelée avec raison la politique expérimentale, nous montre les révolutions se succédant de nos jours avec une sorte de régularité chronique. Quelle est la cause de cette instabilité ? Est-elle dans la légèreté proverbiale de notre caractère, dans ce besoin de changement qui tourmente les hommes, dans cette ambition qui s'étend avec les lumières et qui dévore les foules impatientes ? Est-elle dans ces évolutions qui ne sont que les conséquences de la grande révolution et pour ainsi dire ses vibrations ? Si cela est, et si l'on peut comparer ce splendide écroulement des abus du passé à la chute d'un roc miné par les siècles dans le fleuve au-dessus duquel il demeurait suspendu, ne peut-on se figurer que nos émeutes, nos insurrections et nos bouleversements successifs sont inévitables comme les cercles qui vont s'élargissant autour du point où la chute s'est produite, jusqu'à ce que les derniers se perdent et s'effacent dans la tranquille limpidité de l'onde ?

Sommes-nous aujourd'hui assez loin de ce point troublé pour croire que nous allons assister à la renaissance du calme et jouir enfin du repos dont la France a soif? On voudrait se le persuader pour l'honneur du genre humain, et pourtant on ne peut se dissimuler ce que tout le monde sent et voit : les gens de bien pourraient hâter ce moment désiré, mais cette race timide n'ose lever la tête; elle se contente de soupirer après la paix et de faire en famille des vœux qu'il suffirait d'appuyer d'un geste énergique. Or, ce n'est point assez de ces vœux tremblants; car, pendant qu'ils délibèrent, les révolutionnaires de toutes nuances, les inventeurs de plans anciens, les ramasseurs d'utopies tombées descendent dans la rue, s'emparent audacieusement de la place publique et y débitent à la foule ignorante et trompée les vieilleries qui remontent à la surface du fond des sociétés violemment remuées. La révolution française dure donc toujours. Il serait même presque vrai de dire que la première des révolutions du monde dure encore et qu'elle recommence sans cesse.

Il s'est en effet écoulé bien des siècles depuis que la mise en commun des patrimoines a été, non pas inventée, mais prônée par Platon; il y a bien des années, sans recourir aussi loin, que les communes ont été affranchies et que les États Généraux ont été convoqués pour la première fois ; bien des gouvernements se sont successivement élevés sur les ruines les uns des autres et l'on voit encore de nos jours vanter le communisme ! et nous venons de subir pendant dix-huit ans le despotisme abrutissant de l'Empire, et l'esprit de nos cantons municipaux victimes d'une centralisation excessive, se meurt, privé de sève, loin de Paris monstrueusement développé, qui a absorbé et desséché tous les sucs nourriciers du corps social ! et nous en sommes encore à jeter les bases d'un régime raisonnable et à chercher des garanties de stabilité gouvernementale.

Que faudra-t-il donc pour nous guérir de cette fièvre intermittente dont la périodicité fatale remet à chaque instant en question les principes les mieux établis ? N'avons-nous pas assez tâtonné, assez souffert ? Sommes-nous donc condamnés à mourir pour revivre plus tard ? La France est-elle une Pologne, est-elle en léthargie ? Toutes ces questions peuvent se poser au temps où nous sommes, car jamais la France n'a couru de tels et de si noirs dangers : l'ennemi a souillé et souille encore le sol de la patrie, le sang de nos meilleurs soldats coule à flots chaque jour, les puissances autrefois amies ou du moins alliées, contemplent jusqu'à présent nos désastres dans une morne immobilité ou avec une muette tristesse. La France, la sympathique, la chevaleresque France, qui a secouru toutes les infortunes, est aujourd'hui malheureuse

et l'ingratitude des uns, l'apathie des autres
la regardent, isolée et saignante, se débattre
convulsivement sous la vengeance habilement
calculée d'un brutal ennemi et jusqu'à cette
heure tardive nul n'intervient ! Ce silence gla-
cial est-il imposé par l'indifférence ou par la
crainte ? Le colosse allemand qui vient de s'en-
richir sous nos yeux, par des procédés aussi
sommaires que provocants, d'annexions soi-disant
spontanées, ce Briarée germanique que nous
avons laissé croître au mépris du droit violé et
à la lueur de l'incendie d'unité que nous avions
allumé en Italie, a-t-il le don d'effrayer ceux à
qui il dictera bientôt, s'ils n'y prennent garde,
les lois de ses plus durs caprices ? Nous n'osons
nous prononcer sur la nature des motifs cachés
d'une aussi complète abstention. Ce qu'il faut
avouer, c'est que la politique détestable, qui a
proclamé et soutenu le droit à l'unification des
peuples, a déchaîné tous les malheurs qui nous
accablent. Les mauvais principes sont les pépi-
nières des mauvaises actions. En donnant à la
Prusse l'idée ou du moins l'occasion de prussifier
l'Allemagne, en renonçant à invoquer contre
M. de Bismark un droit que nous n'avions pas
contesté à M. de Cavour, nous avons agi logi-
quement sans doute, mais la logique a tourné
contre nous et nous avons été punis par où nous
avions péché. Les avantages de l'unité, quoi
qu'en ait pu dire un ministre à l'éloquence trop

complaisante, ont décuplé la puissance de l'Allemagne : la direction de sa politique, la conduite
de ses armées, la régie de ses finances autrefois
gênées dans les entraves d'une confédération,
ont tout-à-coup joui d'une liberté d'action
menaçante, dont les effets ne se firent pas longtemps attendre. Prenez garde, leur criait un
homme d'Etat qui fut en cette occasion, comme
en bien d'autres, inutilement prophète, prenez
garde ! vous touchez à l'équilibre européen.
L'unité allemande, c'est la rupture de cette
digue élevée en d'autres temps contre l'invasion
du flot germanique ; si la digue est rompue, vous
êtes inondés. Vaines paroles ! on les tourna en
dérision, les flatteurs du pouvoir les traitèrent
de vieilleries politiques, le grand ministre d'alors
sourit de pitié ; l'équilibre fut bafoué par les
satellites de cet astre malfaisant et la cohue des
gouvernants se rua vers d'autres exercices.
L'avenir ressemblait à une sombre nuit de
décembre ; il eût fallu un guide expérimenté
pour marcher au milieu des brouillards et c'est
à des gouvernants aveugles qu'était confiée la
conduite de la société à travers les fondrières
qu'elle ne soupçonnait pas. L'abîme se creusait
chaque jour plus profond et déjà le vide attirait
l'Empire qui s'y précipitait dans un vertigineux
délire. « Dieu tout-puissant, le roi des rois,
trouble, quand il lui plaît, l'esprit des princes, »
disait Pie VII ; *Quos vult perdere Jupiter dementat*

2

disait un ancien : la vérité est de tous les temps.

Mais n'anticipons pas. La France n'est pas seulement étreinte par l'étranger; un danger non moins redoutable, le matérialisme sous toutes ses formes la presse à l'intérieur. Nos âmes sont-elles plus viriles et mieux trempées que celles de nos aïeux? les mœurs politiques sont-elles plus modérées, les convoitises moins ardentes, les problèmes sociaux moins ardus, les passions mauvaises moins vives, les cruautés moins redoutables? Nous n'osons l'espérer. Les hommes plus civilisés ne sont pas moins corrompus : sont-ils mieux disposés à s'arrêter sur les pentes fatales qu'on ne remonte guère ? Pour être moins justifiés qu'en 89, leurs griefs sont-ils moins nombreux et, pour avoir un but moins noble, en sont-ils proclamés avec moins d'audace et soutenus avec moins de violence ? Il ne s'agit plus de conquérir, ce qui était de toute justice, un droit égal devant la loi; il s'agit du partage égal des biens, c'est-à-dire le monstrueux et éternel recommencement du partage au fur et à mesure que l'inégalité des appétits détruirait la chimérique égalité des fortunes! Cette prétention n'a pas la noblesse désintéressée qui guidait nos pères au siècle dernier dans leur revendication légitime d'un droit supérieur et purement spiri-tuel : elle a au contraire la brutalité d'un désir d'assouvissement matériel ; la plupart de nos passions d'aujourd'hui sont du nombre de celles qui n'osent et ne peuvent s'avouer dans les temps honnêtes. Réclamer l'inaliénable liberté, l'obtenir, en jouir, c'était beau et la conscience humaine y applaudissait ; mais vouloir courber sous le même niveau les inégalités naturelles, ne pas tendre à s'élever, mais à abaisser les autres, niveler en raccourcissant au lieu de chercher à grandir, avilir au lieu d'ennoblir, ce n'est pas de la civilisation, c'est de la sauvagerie, et c'est pourtant là le progrès dont on nous menace ! C'est avec ces appâts grossiers que l'on agite les masses et qu'on les mène à l'assaut de la société ! Quelle main nous sauvera de ces plans anarchiques ? quelque clarté subite et providentielle viendra-t-elle dessiller les yeux de ce peuple égaré ? Espérons que le Dieu qui commande aux orages nous enverra le calme et alors, la France envahie, humiliée mais frémissante encore au milieu des plus effroyables revers, la France, « le plus beau royaume après celui du ciel, » la noble et belle France, la protégée de Dieu, la France, châtiée mais non abandonnée, se relèvera bientôt sous le fouet de l'adversité ; elle pansera ses plaies et, régénérée par le malheur, elle reverra fleurir des rejetons nouveaux sur sa tige immortelle ! Sans doute en ce moment Dieu poursuit son œuvre par des voies qui confondent notre faible raison, nous ne voyons que désastres, défaillances, trahisons, même dans ce pays de l'honneur, et si l'on n'avait foi dans la main qui abat pour mieux relever, on s'abandonnerait aux lâchetés du désespoir. Heureusement le chrétien n'ignore pas qu'il y a un roi au-dessus des rois et cette conviction le rassure et entretient son courage.

Lorsque la France délivrée de l'étranger redressera sa tête un instant courbée sous la douleur, mais demeurée fière et menaçante sous l'outrage, lorsqu'elle aura repris, grande, heureuse, honorée, sa place à la tête des nations civilisées, les moins clairvoyants constateront que ses cruelles épreuves, loin de l'affaiblir, l'ont au contraire fortifiée. Le malheur est comme le feu et les tempêtes, il purifie. La France pourrissait dans une fange chaque jour plus profonde, les mœurs en dissolution n'offraient plus la moindre résistance, le pays sombrait. La base de l'empire rongée par les termites que couvait l'aigle dégénéré ressemblait à ces vieux saules dont l'écorce est debout et sert de cercueil vide à un tronc disparu. Une sève trompeuse alimentait mal un semblant de végétation ; de loin c'était quelque chose et de près ce n'était plus rien. A peine le canon a-t-il tonné, que l'ébranlement suffit pour jeter à terre ce fantôme de puissance ; le flot de l'invasion vient mouiller le pied d'argile de ce faux colosse et Bonaparte *Sédantaire*, comme l'appelle Veuillot, tombe à genoux aux pieds de son vainqueur, oubliant la France et croyant tout sauver en sauvant sa personne.

Au bruit de cette ignoble chute, le mensonge de la situation se dévoile, l'Empire n'est plus ! L'Empire qui se disait la force nous laisse un pays mutilé, l'Empire qui se disait la paix nous laisse pour unique espoir une guerre désespérée !

La France, sortant de son horrible cauchemar, demande des armes. Des armes ! c'est le cri que poussent tous les cœurs indignés ; mais on en cherche en vain, le despote en a détourné le prix. Il a déclaré la guerre pour mieux cacher ses déprédations dans des dépenses simulées, ou pour se les faire pardonner par des triomphes. Il faudrait un énorme appareil militaire pour résister à l'énormité des bataillons ennemis : nous avons le courage, nous avons la chair vivante, mais nous manquons de bronze et nous succombons sous une avalanche sans cesse renaissante de fantassins, de cavaliers et de canons ! Sommes-nous donc trahis ? Le soldat le crie tout haut ; il se bat sans confiance et meurt en accusant l'impéritie, la légèreté coupable de celui qui l'a conduit sans munitions et presque sans pain à la suprême et inévitable boucherie.

Cent mille hommes, réputés les plus braves de l'univers, ont mis bas les armes à Sedan ; cent mille hommes et c'est l'empereur qui l'a voulu ! lui qui avait trompé le pays et violenté sa volonté pour déclarer la guerre, c'est lui qui capitule ! il ne sait pas mourir, il se perd ou plutôt il se sauve en perdant son honneur et en éclaboussant le nôtre ! Dieu a permis cette honte; il a brisé en un jour de colère et de justice cet instrument débilité dont il avait toléré l'apparente puissance afin d'en mieux montrer l'inanité.

« Je charge le général Lebrun, lui écrit
« Wimpffen à Sedan, de tenter une trouée dans
« la direction de Carignan; que Votre Majesté
« se mette au milieu de ses troupes, elles tien-
« dront à honneur de lui ouvrir un passage. »
A cet appel de l'honneur, ce César fourbu, qui n'était plus ni chef d'État, ni chef d'armée, ni même soldat, répond en faisant arborer le drapeau blanc et en envoyant un parlementaire au roi de Prusse ! et lui qui avait reçu en dépôt l'honneur de nos armes et l'intégrité de notre territoire, lui qui avait dit un jour que la France « ne périrait pas dans sa main, » il la précipite dans le fond de cet abîme au bord duquel il l'avait poussée : le parricide est consommé. L'homme de Sedan rend au roi ennemi son épée sans force et sans gloire, qu'il déshonore encore plus en refusant de la tirer du fourreau, quand il est sommé de le faire. Son armée trahie, abandonnée, anéantie moralement par la défection de ce chef sans vigueur, se démoralise, et se livre, folle de honte et de rage à l'ennemi stupéfait d'un si grand et si facile succès. Quand renaîtra la discipline ?

renaîtra-t-elle jamais ? les armées permanentes
ne sont-elles pas pour jamais condamnées ? Telle
est la première question qui se pose après un
pareil désastre.

Il y a longtemps déjà qu'un vigoureux pen-
seur l'a dit : « A l'instant où l'armée se mêlera
de politique, l'État sera dissous ; et les ennemis
de la France, profitant de ce moment de dissolution, la pénêtreront et la diviseront (1) » Au
mépris de ces principes incontestables, nos soldats
ont été sollicités dans les élections, imprudemment appelés à voter des plébiscites et tour à
tour intimidés et flattés ; à ce triste jeu, ils ont
perdu l'obéissance passive et même toute subor-
dination, tandis que la France y perdait sa force
guerrière. L'histoire et la raison sont d'accord
sur l'effet désastreux de la politique sous les
armes, témoin les Prétoriens de la décadence
romaine et les précautions inscrites dans toutes
nos constitutions françaises sans exception depuis
celle de 1791 jusqu'à celle de l'an III (2). De l'avis
de tous les hommes compétents qui ont étudié
nos désastres dans les dernières campagnes de
l'Empire, c'est pour avoir manqué de discipline,
autant que de tactique, que nos soldats, malgré
leur courage individuel, ont lutté sans succès

---

(1) De Maistre. — *Considérations sur la France.*

(2) « La force publique est essentiellement obéissante ; nul corps
armée ne peut délibérer. »

Constitutions de 1791, art. 12 ; — de 1793, art. 114 ; — de l'an III,
art. 275 ; etc.

contre les armées étrangères, machines vivantes dont les mouvements savamment combinés s'exécutaient toujours avec une précision qui centuplait leurs forces. Voilà pour les mœurs militaires; quant aux mœurs civiles que devenaient-elles au sein de ce bas-empire en dissolution ? L'étude en est intéressante et remplie d'enseignements.

Tout s'enchaîne et pour être complet sur ce poin , nous devons faire un pas en arrière et revenir au plébiscite. On a vu le 6 mai le troupeau des trembleurs répondre imprudemment à la funeste et astucieuse question; sept millions de dupes affolées, en élevant sur un bruyant mais fragile pavois l'idole qui disposait des destinées de la France, ont fourni à sa duplicité criminelle l'appui qui lui manquait pour lancer le pays dans cette horrible guerre. En politique, comme dans la vie en général, la peur est la plus détestable conseillère. Les peureux s'abandonnent volontiers au pouvoir dont la seule existence les rassure; ils permettent tout, tolèrent tout, amnistient tout. Pour eux. avertir c'est affaiblir, contrôler c'est ébranler, s'opposer c'est détruire, combattre un abus c'est révolutionner ! Après ce grand mot, il n'y a plus qu'à se jeter sous l'aile d'un despote; c'est ce qu'ils font au grand dam des libertés publiques et de la dignité humaine. Si au moins cette lâche conduite les sauvait , ils auraient bientôt bu la honte et pourraient se dire habiles, mais c'est le contraire qui arrive. Leurs complaisances ont contribué à attirer les malheurs qu'ils voulaient conjurer et ils en sont les premières victimes. Que ne sont-ils les seules !

La guerre, ce moyen banal d'échapper à la nécessité de rendre ses comptes, la guerre était au bout du chemin qu'ils parcouraient en acclamant leur fétiche, mais la myopie de ces gens, plus honnêtes que sages, les empêchait de l'apercevoir. L'Empire c'est la paix, leur avait dit l'idole, et malgré le déficit béant des finances, malgré les déprédations constatées, malgré tant de démentis déjà donnés à ces paroles trompeuses, malgré tant de déloyauté et de perfidie dans l'exécution des traités, tant d'efforts pour découvrir de nouveaux engins de destruction, malgré la guerre permanente et pour ainsi dire viagère depuis l'avènement de l'Empire, ils ajoutaient foi à cet audacieux mensonge. Leur peur de la république était telle qu'ils se réfugiaient derrière un trône dont la base chancelante cachait mal le spectre abhorré, et les idiots se croyaient sauvés !... Sauvés, mais après la guerre et ses ruines, ils ne peuvent échapper à cet autre danger; ils y tomberont affaiblis, demi-morts, sans ressort et sans ressources ; que dis-je, ils l'accueilleront, ils la proclameront peut-être cette république qu'ils redoutent, oui, les peureux auront ce courage ! et les roués en profiteront.

De tout temps, les habiles ont eu beau jeu de la bêtise humaine et les ministres plébiscitaires ne l'ignoraient point. Quand ils virent l'Empire ainsi restauré, ils se flattèrent hautement d'avoir obtenu une revanche des dernières élections et, grâce à ce qu'ils nommaient leur Sadowa politique, ils se vantèrent d'avoir sauvé le pays des dangers extérieurs et des menaces de la démagogie ; les partisans quand même du pouvoir personnel rassurés se hâtèrent de jeter à l'envi l'ironie, le dédain et l'injure aux hommes sensés qui avaient résisté au torrent approbateur et le Capitole fut encore une fois envahi par ces sauveurs qui ne voient jamais la roche Tarpéïenne. La Nation d'ailleurs n'avait-elle pas fait entendre pour la troisième fois sa grande et imposante voix ? n'avait-elle pas manifesté sa volonté, son irrésistible et irrévocable résolution ? n'était-ce pas bien décidément la dynastie des Napoléonides que voulait et que consacrait la France ?

Aux consciences éclairées qui se révoltaient intérieurement contre cet escamotage du succès, les séides de l'Empire ne répondaient-ils pas victorieusement par les sept millions de suffrages qui venaient de replacer la dynastie attaquée sur une base désormais inébranlable ? Qu'importait à ces adorateurs du succès que la question eût été posée en termes captieux et habilement embrouillés, qu'elle ait été incomprise parce qu'elle était incompréhensible ? Qu'importait aux peureux rassérénés par la majorité compacte des adversaires de la république que l'on pût refuser à ces millions de *oui* la valeur d'une réponse intelligente et sincère ? Le fait brutal, indéniable était là : on pouvait le déplorer, mais il n'était pas possible d'en discuter l'existence et même d'en méconnaître l'importance rassurante ou fatale. Les effets prévus et redoutés par les gens qui raisonnent se manifestent bientôt. L'Empire, enivré de ce gigantesque succès qui n'est en réalité qu'un présent funeste, fort de l'appui des masses populaires, dont il a capté les suffrages et dont il s'attribue faussement l'amour, forcé d'ailleurs de chercher à dépister dans les fumées d'un éphémère triomphe la poursuite obstinée de certains députés dont le contrôle habile est sur la trace de dilapidations importantes, l'Empire saisit à la hâte un prétexte et déclare la guerre ; cette guerre qu'il considère comme une œuvre de salut et qui sera son suicide. Le premier prétexte lui échappe, il en ressaisit un autre ; il veut la guerre, il la lui faut, il s'y est condamné. Il délibère la nuit ou plutôt il conspire dans l'ombre avec un ministère trop dévoué. On arrête à tête reposée, et c'est ce qui la rend plus insensée et plus coupable, les termes d'une déclaration hautaine dont le ton chevaleresque entraînera peut-être avec la partie servile de la Chambre la

minorité surprise , et une fois lancée comme
un coup de canon tiré à la tribune , l'idée fera
sa trouée dans la France chauvine dont l'Empire
a constamment flatté la fibre belliqueuse. Tel est
le projet, tel fut le résultat.

En vain , parmi les hommes d'Etat que ren-
ferme la Chambre , le plus illustre , celui qui
depuis si longtemps s'épuise en splendides efforts
contre les folles entreprises de ce gouvernement
de casse-cou , s'empare de la tribune et y pro-
nonce, en dépit de la droite enragée , qui six
semaines auparavant acclamait la paix , une
harangue aujourd'hui glorieuse , mais alors im-
populaire et conspuée ; en vain il adjure ces
insensés de réfléchir vingt-quatre heures avant
de verser des torrents de sang : on le persifle ,
on l'outrage , on le désigne à la haine , on le
voue au mépris public. La presse officieuse
ameute contre lui les passions de la rue et la
populace déchaînée, excitée, vient vociférer à
sa porte les injures officielles grossies et enve-
nimées par les misérables journalistes que sou-
doyait l'Empire. On va jusqu'à demander sa
démission de député; rien ne manque à l'outrage:
un mois plus tard rien ne manquait à la répa-
ration. Ainsi va le monde ondoyant et divers
de la politique; la fortune et la popularité ont
des revers instructifs.

Pendant que le cerveau impressionnable de
Paris, chauffé à blanc par la presse officieuse

et par le chant devenu tout-à-coup officiel de la *Marseillaise*, se laisse emporter à la fièvre des batailles, la province inquiète juge plus froidement et plus sainement la situation.. Cette guerre que le gouvernement prétend localiser et restreindre à son gré, nous prévoyons qu'elle sera allemande et non pas seulement prussienne. Nous pressentons, sinon les désastres inouïs auxquels personne, même parmi les plus pessimistes n'avait songé, du moins les difficultés immenses de l'entreprise. Les plébiscitaires eux-mêmes, maintenant désabusés, commencent à entrevoir la triste vérité et à regretter leur aveuglement; ils avouent, ceux au moins qui ont quelque bonne foi, que si la question de confiance leur était de nouveau soumise, ils y répondraient par plus de *non*, qu'il n'y avait de *oui*.

Quant aux croyants imbéciles pour qui le fou de Strasbourg et de Boulogne, le criminel du deux décembre était un sauveur, un messie, ils balbutient en tremblant qu'il fallait en finir avec la Prusse et que l'on n'aurait pas échappé à la guerre; pour eux, l'Empereur était là: sa toute-puissance, sa quasi divinité répondaient du succès; il avait jugé la guerre nécessaire, son infaillibilité ne pouvait le tromper. Si l'on faisait observer que nous n'avions pas d'alliés, que nous aurions pu et dû attendre l'occasion favorable où la Prusse aurait porté une main audacieuse sur la confédération du

Sud et où l'indignation légitime de ces provinces contre leur annexion forcée nous eût appelés à leur secours et en eût fait des auxiliaires au lieu d'ennemis, si, invoquant l'histoire des guerres de trente ans, de sept ans et de celles du Premier Empire, on leur objecte que nous aurions pu faire cette fois encore ce que toutes les politiques antérieures sans exception avaient fait, une guerre civile en Allemagne au lieu d'une guerre maladroite de conquête, la monomanie obéissante de ces mamelucks endurcis s'étonnait de nos murmures et les considérait comme un reste de sédition mal éteinte par le plébiscite. Mais c'est trop s'arrêter à cette troupe idiote et servile pour qui l'observation et le raisonnement sont également inutiles ; nous n'en avons parlé que pour marquer d'un trait ce petit côté des mœurs du pays.

Les gouvernements despotiques ont pour but et pour effet de désintéresser le peuple de la politique active et quotidienne ; les affaires proprement dites, l'industrie, la spéculation sous toutes ses formes, le culte de l'argent, tels sont les mobiles indiqués à l'activité humaine par le pouvoir personnel. Il affirme souvent et il fait répéter par ses satellites qu'il répond de l'ordre intérieur et le pays bercé dans cette sécurité trompeuse ne se préoccupe plus que de satisfaire ses appétits matériels : il s'amollit dans le luxe et peu à peu s'affaisse dans une immoralité mortelle.Après dix-huit années d'un semblable régime, rien n'échappe en France à cette contagion ; la jeunesse efféminée, sans vertus mais non sans vices, végète hors de la famille, adonnée aux plaisirs faciles, en proie aux besoins d'un luxe insatiable. Le sans-gêne, le débraillé des cercles et le laisser-aller des boudoirs de courtisanes, ont tué la vie de société ; les jeunes gens de nos jours préfèrent le monde où l'on s'amuse, au monde où l'on se respecte, demeurant incapables toutefois des folies joyeuses et spirituellement gauloises de nos pères : les traits dominants de leur physionomie sont l'ennui, la fatigue, l'air désabusé de tout, en un mot une sorte de maturité hâtive qui n'a du sérieux que l'apparence fanée ; ce sont des copies d'Anglais qui se croient originaux lorsqu'ils sont excentriques et qui n'ayant plus de naturel seraient honteux d'avoir encore quelques idées naïves. Ajoutez à cela un amour excessif du bien-être, et comme conséquence forcée, une impatience immodérée d'arriver à la richesse et vous aurez un aperçu de la génération nouvelle.

La pente des esprits vers le relâchement qui est général a abaissé le niveau des intelligences; tous les ressorts de l'Etat sont détendus et le corps social décline visiblement. Les courages diminuent, le patriotisme disparaît, les sentiments élevés font place aux calculs plus ou moins cyniquement avoués de l'industrie envahissante et naturellement poltronne. Les jeunes gens, voués de bonne heure aux spéculations productives du commerce, recherchent les émotions malsaines du Jeu de préférence aux émotions fortifiantes des luttes politiques : aussi n'accordent-ils qu'un regard distrait aux péripéties touchantes du drame historique où la France joue pourtant le rôle capital. Qu'importe à ces apprentis millionnaires d'avoir la liberté, pourvu qu'ils aient la licence ? Mais vient un jour, où, à la suite de revers inouïs, la patrie est déclarée en danger. Des lois draconiennes secouent rudement leur coupable léthargie ; il faut marcher, les temps sont durs, il n'est plus permis de se désintéresser de la lutte : c'est alors que se déroule un triste et curieux spectacle.

Nous sommes à l'aise pour en parler ici, car notre ville n'y a fourni, que nous sachions, aucun acteur et nous l'en félicitons.

L'un avait pendant la paix, à l'instigation d'un sous-préfet, prometteur à poigne, vendu son vote et celui de sa famille au candidat officiel contre une décoration pour son père et une épaulette pour lui-même dans une garde mobile qui devait rester immobile et nullement dangereuse. Au premier bruit de guerre, des palpitations de mauvais augure agitent le cœur de ce jeune et brillant officier, il se découvre un commencement d'hypertrophie et s'empresse de faire constater que son vice rédhibitoire est d'avoir trop de cœur; il supplie qu'on lui retire la périlleuse épaulette dont il était si fier. Sa fierté n'était que de la vanité.

D'autres, jeunes démocrates pleins d'ardeur et d'audace, ont prêché la sainte croisade dans les clubs : c'était une nouvelle épopée patriotique à recommencer; la France de 1792 allait renaître pour courir à la frontière. Plus de distinctions de rang ni de positions sociales, tout le monde est citoyen et la main dans la main, les frères et amis vont payer de leur personne; mais la guerre éclate, la loi du 10 août appelle sous les drapeaux tous les hommes non mariés ou veufs sans enfants de 25 à 35 ans. Chose étrange ! la consternation est générale. Les plus avisés se réfugient dans les compagnies d'artillerie sédentaire pour y apprendre à blanc l'exercice inoffensif du canon; d'autres fléchisssent devant le désespoir d'une mère qui les force d'accepter un remplaçant. Celui-ci se souvient à propos que son père est septuagénaire; celui-là, qui consolait un peu aigrement les jeunes conscrits, alors qu'il se croyait hors de toute atteinte, sent tout-à-coup son estomac rebelle aux fari- neux et se hâte d'acheter un homme de 45 ans au nom de l'égalité et de la fraternité. D'autres, plus courageux ou moins riches, acceptent ou sollicitent les fonctions éminemment sédentaires de capitaines-rapporteurs près des conseils de discipline. C'est ainsi que s'évanouissent un à un tous les foudres de guerre ! D'intrépides chasseurs se disent faibles de constitution ; des fils de millionnaires demandent à être exemptés comme soutiens de famille : c'est à qui dévoilera ses infirmités. Triste jeunesse ! et la France qui espérait en toi, quelle force inconnue la sauvera ? Qu'est devenu l'élan sublime de 92 ? L'amour de la patrie, le dévouement, la passion, le devoir, le courage, ne sont-ils plus que des mots vieillis, des rengaînes démodées dont se moque la frivole insolence de ces avortons volontaires, ou bien des singeries de sentiments à l'usage des fanfarons de la démocratie ambitieuse ? On eût été tenté de le croire à l'heure des premières émotions. Mais, lorsque la guerre cessant d'être dynastique et offensive devint une guerre française et défensive, la panique s'effaça devant le caractère sacré de la lutte et fit bientôt place à une explosion générale de haine qui mit les armes aux mains des plus timides. La noble France put alors constater avec un légitime orgueil que ses fils n'étaient point dégénérés. Un merveilleux retour d'énergie et presque de rage guerrière saisit tout-à-coup la jeunesse qui s'atrophiait dans une lâche indifférence et l'on put voir avec un tressaillement de joie de braves jeunes gens offrir à la défense nationale une précoce vaillance, un cœur sachant supporter les fatigues et mépriser le danger, des qualités enfin aussi sérieuses qu'énergiques aux jours du sacrifice. Parmi ceux-là plus d'un se chargera de prouver aux libres-penseurs que le christianisme n'est pas la religion des lâches.

Si l'on peut, dès à présent, lire dans l'épais brouillard qui assombrit l'avenir, il est à craindre que la France n'ait pas encore atteint le fond de cet abîme où la Providence la tient plongée sous sa main irritée. Notre patrie si éprouvée a encore plus d'un degré à descendre avant de toucher du pied ce fond solide qui lui permettra de rebondir jusqu'à la surface ; lorsqu'elle regagnera le bord et que tout étourdie encore de sa chute elle cherchera la main d'un ami, c'est à ces hommes jeunes et braves qu'elle adressera ses premières et plus vives actions de grâce, car ils auront été et seront encore les instruments de son salut.

Il faut bien le reconnaître, c'est la nouvelle génération qui tient dans ses mains la solution heureuse ou malheureuse des problèmes sociaux actuels. Depuis trop longtemps les grands principes de religion, de courage civique, d'humanité, d'équité, de morale, oubliés, délaissés, presque ridiculisés, se rouillent et défaillent. La soif de l'or fait passer sur la mauvaise odeur du lucre : le succès, voilà le seul dieu qu'on adore. Toutes les couches de la société sont devenues perméables à cette infiltration d'agents démoralisateurs. On a vu récemment et, c'est un signe du temps, des fonctionnaires donner à la politique un concours qu'ils ne devaient qu'au pays. Ces serviteurs esclaves compromettaient la dignité de leurs fonctions en y puisant une coupable influence dont ils usaient moins dans l'intérêt de la France que dans celui de leur avancement. Il n'est pas jusqu'à la magistrature, qu'autrefois on appelait la justice, qui recrutée parmi les favoris du pouvoir, n'ait plus d'une fois, par de honteuses complaisances, révolté la conscience des honnêtes gens. Certaines Cours d'appel se sont attiré le nom dérisoire de Cours d'espoir et l'opinion publique, faussée par plus d'un exemple fameux, en vint à amnistier ceux-là mêmes à qui la loi, bien qu'affaiblie et mutilée, n'avait pas épargné une flétrissure obligée. Et l'on s'étonne que les mœurs se soient altérées dans ce bourbier !

Après la capitulation de Sedan, tout le monde crut à la paix, tant l'occasion était belle pour la Prusse. Les victoires ne lui avaient pas manqué; ses armées s'étaient couvertes de gloire militaire et sa diplomatie venait d'enlever le plus inespéré triomphe, en faisant d'un seul coup prisonniers de guerre une magnifique armée et le coupable auteur de cette catastrophe inouïe. Tout semblait fini devant cet effacement de l'empereur et le couronnement si rapide de tant de succès obtenus sur les champs de bataille ; mais hélas !

la France était réservée à d'autres et plus cruelles épreuves C'était peu au point de vue providentiel que cette dure leçon donnée à notre amour-propre national ; il fallait sans doute avant de recommencer l'ère nouvelle, tirer le bien d'un mal plus grand, et le sublime guérisseur de nos maux ne les jugeait point encore assez terribles pour que son intervention fût salutaire. A des peuples endurcis les coups ordinaires ne suffisent pas : notre orgueil n'était que blessé, il devait être terrassé.

La capitulation de l'Empereur, suivie de l'écroulement de sa dynastie, c'était une honte, il est vrai, mais une honte qui portait sa compensation avec elle ; il fallait un désastre plus complet, une déception plus cruelle, une trahison bien franche. Le général en chef vers qui, depuis Sedan, la France humiliée tournait les yeux comme vers un sauveur trompa son attente et servit d'instrument à son supplice: le *Glorieux* Bazaine fut le Judas de l'armée : Metz était imprenable, Bazaine ne l'était pas et la Prusse le savait ! D'autres écriront cette page douloureuse de notre histoire, ils porteront la lumière dans les dédales fangeux de ces intrigues bonapartistes et la postérité indignée flétrira toutes ces infamies qu'enfante la décomposition des mœurs.

Ceux qui, après Sedan, avaient cru à la paix, considérèrent au premier moment le désastre de

Metz comme absolu et irrémédiable ; la planche
de salut brisée, que pouvait la nation ? ployer
le genou, ou bien dans un magnifique élan se
lever en masse èt courir sus à ces méprisables
vainqueurs qui minaient les consciences, pour
faire capituler les places fortes. C'est à ce second
parti que notre virile audace donna la préférence ; la paix ne pouvait être honorable, les
neutres n'avaient pas décroisé leurs bras anki-
losés, la France plus isolée que jamais était à
elle seule son unique espérance; fut-elle un
instant ébranlée par tant de coups successifs?
C'est incontestable. Mais elle ne s'abandonna
ni au découragement, ni à l'abdication d'elle-
même. Le contraire se produisit ; des hommes
de cœur mesurèrent d'un coup d'œil rapide
l'étendue du malheur que le nouveau crime de
Metz faisait peser sur la nation, et acceptèrent
bravement le sacrifice. Il était lourd, mais le
courage en France n'est inférieur à aucune
tâche. Le désordre était partout ; la démagogie
l'augmentait par ses prétentions impatientes ; il
était urgent de mettre un terme à ce danger
intérieur et pour lutter contre l'étranger il ne
fallait rien moins qu'une sorte de résurrection,
une création nouvelle, instantanée : la Providence permit d'accomplir ce prodige, et la
France put en quelques semaines donner au
monde entier cette surprise. Paris, Lyon, Mar-
seille rentrèrent miraculeusement dans l'ordre
et les essais de tyrannies locales succombèrent

ou du moins firent trêve pour s'unir dans une défense commune et tenter le suprême effort. En présence de ce spectacle à la fois grandiose et touchant d'une nation qui lève jusqu'à son dernier homme pour sauver son honneur, quatre grandes puissances firent ou appuyèrent la proposition d'un armistice pour permettre à la France de constituer par des élections libres un gouvernement régulier avec lequel on pût traiter valablement; un homme d'Etat, celui de tous qui, par la situation exceptionnellement favorable que lui faisait sa prophétique opposition à cette funeste guerre, pouvait le mieux servir d'intermédiaire entre les belligérants, consentit à accepter la difficile et ingrate mission de négocier cet armistice. Il s'aperçut bientôt, hélas! que l'esprit militaire l'emportait chez nos adversaires sur l'esprit politique qui conseillait la paix et tout ce qui pouvait y conduire et que le but poursuivi par la Prusse, sous le couvert d'une suspension d'armes, n'était rien moins que la capitulation déguisée de Paris; il en fit l'observation au Machiavel prussien, en référa au gouvernement de la défense nationale et reçut de ce dernier l'invitation de rompre toute négociation et de quitter immédiatement le quartier-général. L'illustre envoyé extraordinaire obéit et rendit compte de sa mission aux grandes puissances dans un mémorandum émouvant malgré sa simplicité et séduisant par sa clarté.

Le ton modéré de cette note, où rien n'a été donné à la déclamation et où le véritable homme d'Etat, en diplomate qui connait son métier, s'est bien gardé de brûler ses vaisseaux, permet d'espérer qu'un jour prochain viendra où les puissances neutres, à qui leur intérêt mieux conseillé fait une loi d'intervenir énergiquement et sans retard, feront un nouvel appel à son dévouement pour des négociations définitives. Puisse-t-il alors, lui qui n'a pas voulu la guerre, rendre à notre patrie les bienfaits de la paix et au continent tout entier la sécurité perdue!

Il eût été facile, sans doute, de terminer plus tôt la lutte et de couper court à l'effusion du sang, et déjà plus d'un intérêt menacé trouvait tout simple de payer du démembrement de la France ce résultat désiré; mais ce moyen lamentable, outre qu'il reposait sur une lâcheté et sur une ingratitude révoltante, ne produisait qu'un atermoiement et non une paix durable; nos frères de l'Alsace et de la Lorraine, pour prix de leur attachement et de leurs souffrances, auraient été livrés à l'ennemi comme une rançon, versés comme une indemnité entre les mains abhorrées de l'ennemi! un pareil sacrifice, s'il était un jour imposé par la force, pourrait être subi, mais non accepté; l'humiliation enfanterait la haine, les regrets l'entretiendraient et la colère l'envenimerait chaque jour davantage, jusqu'à l'heure où un nouveau Germanicus irait redemander à la Germanie nos drapeaux vendus par un traître et y réduire en cendres nos aigles avilies. En attendant, que de frémissements, que de larmes, et sur quel volcan végèterait la nation mutilée ! comment respirer, comment dormir tranquille sous le poids d'un semblable remords et sous la pression de pareils projets ? comment traiter de la paix à de telles conditions, sans avoir tenté les derniers combats, quand Paris est debout, quand la France à travers son deuil peut encore entrevoir un rayon d'espérance ? la main de Dieu cessera peut-être bientôt de frapper la nation qu'il n'a pas cessé d'aimer et après le châtiment viendra la régénération.

Comment s'opérera-t-elle ? la première, la principale réforme qui surgira du chaos sera forcément celle des mœurs. En voici la raison : le fer et le feu ont fait chacun leur office sur les champs de bataille ; la douleur qui en est la conséquence agit moralement sur les âmes par les réflexions qu'elle amène, en ajoutant au sérieux des caractères et en les retrempant. La fermentation des idées au milieu de nos convulsions politiques produit une certaine exaltation des esprits à la suite de laquelle l'homme s'élève au-dessus de lui-même; les mobiles de sa conduite sont plus détachés des intérêts matériels et pour ainsi dire moins humains; il a pris l'habitude de regarder le ciel : le progrès est immense.

La réforme des mœurs publiques entraînera celle des lois politiques qui ne sont ou ne doivent être que la morale écrite; or, les lois qui naissent dans ces heures solennelles où l'homme est désabusé des vanités du présent par la grandeur des catastrophes, sont meilleures, d'intention au moins, que celles des époques de décadence: ces dernières sentent la couche flétrie d'où elles émanent et ne produisent que des fruits malsains tandis que les autres se sont en général inspirées du souffle supérieur et que leur source est plus pure.

Si l'on parcourt en effet les préambules de toutes les lois intervenues à la suite des révolutions et que les hommes décorent du nom ambitieux de constitutions, on y trouve tout d'abord une déclaration un peu emphatique des droits et des devoirs de l'homme et du citoyen sans lesquels, chaque législateur nouveau le proclame, il n'y a que malheurs et corruption pour les sociétés; la chose est excellente à rappeler, car l'homme est naturellement prédisposé à invoquer sse droits avant d'obéir à ses devoirs; il sépare volontiers l'un de l'autre, et comme pour tout remède à ces usurpations l'imprévoyance des législateurs n'a laissé que le recours à l'insurrection, nous sommes fatalement voués au retour à peu près périodique de ce terrible moyen de résistance. Si la liberté avait toujours le droit d'autrui pour frontière naturelle, elle ferait des citoyens dignes de ce nom ; lorsqu'elle n'a au contraire d'autres limites que son caprice, elle ne fait que des factieux dont les convoitises insensées menacent la société et retardent le règne de la vraie liberté, le seul règne pourtant qui soit de droit divin.

Jusqu'à ce que l'avénement heureux de cette chère liberté se réalise, tâchons de nous soustraire à l'odieuse contrainte de faire ce que nous ne voulons pas : c'est bien le moins que nous jouissions de cette légitime faculté. La force et la ruse nous ont entraînés malgré nous dans de funestes aventures; que la leçon nous soit profitable ! veillons à ce que le nouveau régime, monarchie ou république, ne puisse nous imposer rien de contraire à notre dignité et pour commencer gardons-nous des surprises.

Le despotisme des Bonaparte vient de s'effondrer dans la honte : ne retombons point inconsidérément sous un autre.

Certes, la République d'hier, si elle était le gouvernement de la raison publique, comme elle en a la prétention, devrait être acclamée avec reconnaissance, car elle s'est faite l'héritière dévouée jusqu'à l'imprudence d'embarras épouvantables. Mais le doute n'est-il pas permis en présence de l'escamotage qui a présidé à son installation, qui vicie son origine et paralyse à l'heure qu'il est ses efforts les plus louables en faveur de la paix. Peut-on se fier sans réserves à ces hommes qui se sont insurrectionnellement réunis pour faire notre bonheur malgré nous ? La façon quasi clandestine dont cetteré publique cherche à s'insinuer dans le pays sous le pseudonyme de gouvernement de la défense nationale permet-elle de croire à la complète loyauté de ses intentions et à la sagesse de ses décrets à venir ? Soùvenons-nous et défions-nous des sauveurs; il y en a qui coûtent cher. Mauvais commencement, mauvaise fin, c'est à craindre, témoin l'empire.

Nous sommes actuellement dans une période de transition; l'horizon est trouble et gros encore de dangers, mais un jour viendra, puisse-t-il être prochain ! où le gouvernement de la défense nationale pourra et voudra sans doute se faire absoudre de son méfait devenu glorieux ; ne serait-il pas souverainement injuste et irrespectueux pour nous que le mot d'ordre partît encore de Paris, que dis-je d'un coin de Paris pour venir s'imposer à la province comme un fait accompli. Jusques à quand un pays majeur comme le nôtre, qui tient la tête de la civilisation et qui revendique en toute occasion avec tant d'énergie le droit de faire ses affaires lui-même sera-t-il réduit à subir la loi du petit nombre ? la province sera-t-elle donc toujours *volens nolens* la vassale de Paris ?

Nos pères de 92 avaient horreur du fédéralisme, et pour combattre autant que possible les résistances qu'ils prévoyaient contre l'œuvre des constituants, ils voulurent armer le pouvoir central d'une très-grande force. C'était dans la logique de leur situation ; mais, s'ils s'étaient trouvés comme nous en présence de ces audacieux coups - de - main dont la périodicité chronique devient effrayante et d'un contagieux exemple, ils auraient peut-être préféré à cette centralisation devenue abusive le droit de se retrancher dans leurs états provinciaux pour y délibérer en paix sur l'approbation ou la réprobation des actes qu'une poignée d'individus sans mandat se permet trop souvent d'accomplir.

Que Paris s'intitule le cerveau de la France, soit : mais que la province, sous l'empire du suffrage universel surtout, puisse devenir le jouet des fantaisies de ce cerveau enfiévré ; qu'elle se couche en monarchie et se réveille en république, parcequ'il a plu à une vingtaine de parisiens d'en décider ainsi, et que tout un peuple n'ait plus qu'à donner son adhésion forcée au changement éclos la nuit, voilà ce qui est intolérable et ce à quoi tendent pourtant nos aventureux faiseurs de décrets.

S'il est vrai, comme l'affirme le parti de la république, que nous soyons arrivés à ce degré de perfectionnement moral tant désiré ; si la démagogie en est réduite à de rares explosions sans danger, si la grande famille des travailleurs veut la liberté sans désordre, si en même temps qu'elle répudie le despotisme d'un seul homme depuis qu'elle a vu les abîmes où il mène, elle repousse avec la même horreur l'anarchie qui est le despotisme de plusieurs, si l'éducation pratique du malheur a fait ce miracle en quelques semaines d'éclairer le suffrage universel, où est le péril de demander à ce pays si bien préparé s'il veut désormais vivre en monarchie ou en république ?

Ce n'est pas là une question ambiguë, une formule plébiscitaire embrouillée : c'est simple, clair, loyal ; j'ajoute que l'occasion s'offre tout naturellement, car jamais table rase [n'aura été plus dégagée d'obstacles.

Le principe de toute souveraineté réside essentiellement dans la nation: c'est là un des axiômes favoris de la démocratie ; il s'ensuit que la loi, comme la forme du gouvernement, doit être l'expression de la volonté générale. S'il en est ainsi, ayez donc cette honnête franchise, dictateurs qui sans-doute n'avez pas pris le pouvoir pour le confisquer, ni pour le façonner subrepticement au gré de vos désirs; ayez donc ce courage de poser la question au suffrage universel

Au nom du pays qui n'a discuté aucun de vos décrets et ne vous a marchandé aucun sacrifice, n'abusez pas de votre omnipotence d'une heure pour lui imposer un gouvernement d'un jour. Au nom de l'armée si malheureuse et si brave qui va

être reconstituée et qui a besoin d'un drapeau désormais sans tache; au nom de la moralité politique, au nom de laconscience, au nom de la liberté,
au nom même de la république que vous voulez
fonder d'une manière durable ; pour votre honneur et pour la patrie, faites à la France un
solennel appel et comme l'a fort bien dit l'un des
vôtres dans une récente circulaire « lorsque les
bulletins seront comptés, la minorité s'inclinera
jusqu'au jour où elle aura par la persuasion
ramené la majorité à son opinion, ce qu'il doit
toujours lui être permis d'essayer pacifiquement »

Valenciennes, 19 Novembre 1870.

www.ingramcontent.com/pod-product-compliance
Lightning Source LLC
Chambersburg PA
CBHW061333060726

47596CB00003B/1216